2013년 노트북 특선
달과 별은 아름다웠다
이 진 희 詩集

달과 별은 아름다웠다

인　쇄: 초판인쇄 2013년 04월 15일
인　쇄: 초판인쇄 2013년 04월 20일
지은이: 이진희
펴낸이: 윤기영
편　집: 정설연
펴낸곳: 도서출판 노트북
등　록: 제 305-2012-000048호
본　사: 서울시 동대문구 장안동 314-3번지 나동 비101호
전　화: 070-8887-8233 팩시밀리 02-844-5756
이메일: hdpoem55@hanmail.net

정　가: 10.000원
ISBN: 978-89-92687-39-3-03810

달과 별은 아름다웠다

이

진

희

도서출판 **노트북**

서문

글과 독서는 나의 삶의 일부인지도 모릅니다.

난 가정을 굴레에서 엄숙함을 배우며 내 안에 성취된 모든 것을 갈고닦아 발휘하는 창의력에 불과하다는 것을 매번 느끼면서도 때가 되면 발성하게 이른다.

글은 나의 주식이라고 말하고 싶다.
그동안 살아온 수많은 일이 메모리 되어 있기에 하고 싶은 말을 꺼내 놓는 것뿐이다.

물론 글은 내가 살아온 삶의 일부인지도 모르지만, 나에겐 다양한 지식과 다양한 사물을 통해 얻어진다는 것은 미국에 이민 온 지 30년이 넘는 세월일 것입니다. 그 세월이 내 인생이며 내 가슴에 묻고 살아온 날이기에 고국을 그리며 글을 썼는지도 모르겠습니다.

시집을 내면서 많이 부끄럽게 생각했습니다.
글을 쓰는 많은 작가분이 있기에 더욱 힘들었습니다. 하지만 언젠가는 내야 할 책이기에 부족하지만 출간하게 되었습니다.

책을 펴내기까지 도움주신 가족에게 사랑한다고 말하고 싶고요. 한국에 있는 가족들 그리고 친구들 페이스북 회원님들에게도 감사드립니다.

늘 글을 공유하면서 행복했던 날들이었던 것 같습니다. 앞으로 더 좋은 글로 만날 것을 감사드리며 부족한 글이지만 이진희의 마음이라 생각해 주셨으면 합니다. 출간을 해주신 노트북 출판사 대표님에게도 진심으로 감사인사 드립니다.

어느 봄날 올림피아에서 이진희

1부. 달과 별은 아름다웠다

2부. 마음의 창

하늘의 별처럼
살라 하시면
나는 별이 되어
그대의 창가를
밤이면 밤마다
환히 비추렵니다

-당신을 위해서라면 중에서-

당신을 위해서라면

흐르는 물처럼
살라 하시면
나는 물이 되어
낮은 데로 낮은 데로
흐르렵니다

하늘의 별처럼
살라 하시면
나는 별이 되어
그대의 창가를
밤이면 밤마다
환히 비추렵니다

아름다운 꽃처럼
살라 하시면
나는 꽃이 되어
당신의 정원에
날이면 날마다
피우렵니다

당신을 위해서라면...

사랑할 수 있어 감사하다고

빗줄기 방울방울 엮어
여린 잎사귀에 앉으면
온종일 흠뻑 젖음을 아시는지요

젖은 꽃잎 떨어져도
싫증이 나지 않는 기다림은
온종일 흠뻑 젖음을 아시는지요

어둠이 내리면
하늘의 별과 달을 벗 삼아
그리워하며 그리워합니다

밤을 끌어안은 혼이
당신의 꽃으로 핀 사연 담아
바람에 실려 보내고자 합니다

당신이 있기에
당신을 사랑할 수 있어 감사하다고.

당신은 좋은 사람입니다

당신 마음의 눈은
하얀 꽃과 같아서
진한 향기가 풍겨 나오고
순수함이 묻어나오고
당신의 작은 미소에
나는 상큼한 행복을 느낍니다

당신 가슴의 눈은
붉은 꽃과 같아서
사소한 것에도 감사하고
작은 행복에도 눈물 흘리고
당신의 말 한마디에
나는 촛불처럼 녹아내립니다

내 옆에 없어도
여전히 나의 소중한 사람
당신은 좋은 사람입니다.

그대 내 사랑이어라

나무 사이로 춤추는 햇살
너울거리는 은빛 향기로
서로 입맞춤하더라

젖은 벤치에 옷깃을 스치면
쉬어가는 자리 건들바람 불고
꽃은 울고 있는데

손을 넣어 들꽃 자락 당기면
잠시 머문 자리 바람 분다고
모질다 하더라

바위틈으로 흐르는 물소리
나의 벗 삼고 흙길 따라가면
잔잔한 그대의 미소가
그리운 날이어라

그대 여기 없어도
늘 내 마음에 있으니
그대 내 사랑이어라.

황금별이 흔들어 깨웠네

은빛 일렁이는 하늘에
햇살 쏟아지는 공원에
함박눈 내리는 산등성이에
온통 가득히 채워진 건
한없는 내 마음뿐

수없이 많은 시간이 가고
수없이 많은 일이 오고 가고
그리고 따라다니는 것은
쓸쓸히 바라보는
비에 젖은 그림자 하나

숨은 아픔이 가슴을 안으면
상처가 되고 때론 고독이 되고
그렇게 이렇게 혼자가 된다

가슴이 길을 잃은 날
기도로 땀을 흘린 날
홀라당 뒤집힌 근심

황금 별이 흔들어 깨웠네.

생에 최고의 선물

당신 덕분에
세상 바라보는 눈이 뜨였고
당신의 나라 바라보는
영혼의 눈이 열렸습니다

당신 덕분에
살아야 할 이유를 알았고
죽어도 사는 것이
무슨 의미인지 알았습니다

당신 덕분에
헛된 욕심이 무엇인지 알았고
스스로 높아짐이
얼마나 부끄러운지를 알았습니다

당신 덕분에
편히 쉴 수 있는 것을 알았고
날이면 날마다
새롭게 시작하는 것을 알았습니다

만약에 당신을 만나지 못했더라면
내 삶은
존재의 이유를 몰랐을 것입니다

당신은
내 인생에
최고의 선물입니다.

그대 머무는 곳에

꽃으로 핀 사람
훠이훠이 가버리고
잡지 못한 사랑은
내 가슴으로 듣습니다

소중한 만남은
보고 싶음을 키우고
작은 바람 하나에
멍들은 잎새
이슬에 젖었습니다

그대 머무는 곳에
뭉게구름 타고 가면
쏟아지는 햇살 이불 삼고
훈풍에 붉게 물들면 좋겠습니다.

우리는 하나가 되는 거야

계절이 바뀌고
해가 바뀌어도
지지 않는 예쁜 꽃

꽃보다 더
아름다운 사랑에
스스로 갇히고 나면
당신이 숨을 쉬는 공간에
함께 하는 것만으로도
가슴의 설렘이 있고

당신이 풀어놓은
숱한 사연 끌어안으면
불같은 태양 피어오른다

꿈같은 꿈이
지상 위에 별이 되어
웃다가 울다가
세상에 전설을 남기면

그대는 나이고
나는 그대이고
우리는 하나가 되는 거야.

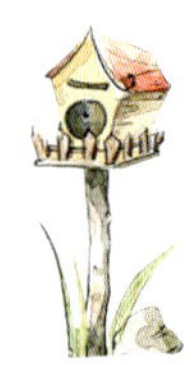

우리 이렇게 살아요

비 오는 날
너무 우울해하지 말아요
일곱 색깔 무지개다리
우리 함께 걸어요

바람 부는 날
넘어지지 말아요
흔들리며 핀 꽃이
아름다운 열매 맺을 수 있잖아요

자신이 초라하다고
스스로 생각하지 말아요
당신은 이 세상에 소중한 존재로
살아가야 하는 유일한 사람이에요

기억하기 싫은 것에
너무 마음 쓰지 말아요
앞으로 살아갈 날을 위하여
말끔히 비워 버리세요

타인으로 인한 상처로
너무 힘들어하지 말아요
그것보다 더 중요한 할 일이
당신에게는 많이 있잖아요

무엇이든지 잘 하려고
너무 애쓰려하지 말아요
오늘보다 내일이 조금만 더
자유로우면 되는 거예요

구름이 흐르는 대로
강물이 흐르는 대로
그저 그렇게 순응하며
우리 이렇게 살아요.

그리워서 더 그리운 얼굴

하늘의 별만큼이나
바닷가 모래알만큼이나
사랑했어
그리고
사랑한 만큼 보다
더 그리웠지

어두운 밤에도
달빛 속에서도
새벽이슬 방울에도
보이는 환한 미소
그리고
커피잔 속에 채운
예쁜 추억

커피 향기에 녹는
코발트 빛 사랑
사랑의 속삭임으로
메아리처럼 들려오고

억지로 섞으려 하지 않는
그래서
늘 고마운
그리워서 더 그리운 얼굴.

별 하나

별 하나
반짝임으로 사랑한 날들
별빛 노래 부르며
미소 짓고

별 하나
반짝임으로 보고 싶은 날들
별빛 그림자 떨구며
눈물짓는다

산을 이루는 맘
젖은 창가에 서면
똑똑 떨어지는 빗소리

별 하나
천 리 길에 있어도
늘 반짝거리는
혼을 섞는 별 하나.

그리움 · 1

쪽 구름에 걸린 달
강물 속에 빠진 밤
달빛에 피어오르는
당신은
보랏빛 그리움

천리만리
떠도는 바람
창가에 머물면
당신은
꽃향기로 묻어오고

꿈결인 듯
현실인 듯
가슴으로 듣고
가슴으로 사무치고

귓전에 들리는
이어지는 소리
당신의
부드러운 목소리.

그리움 · 2

바람결에 묻어오는
그대 숨소리
이편을 적시고

내리는 겨울비
이편을 적시면
깊어가는 그리움은
터질 듯이 부어오르지요

안갯속을 뚫고 오는
그대 미소
이편을 적시고

얄미운 겨울바람
이편을 젖 시면
자그마한 가슴은
터질 듯이 애를 태우지요.

그리움 · 3

그리움이 한 줌
파고드는 계절은
누구를
기다리는 것처럼
마음이 설렌다

그리움이 가슴에
파고드는 계절은
누구를
사랑하는 것처럼
가슴이 저려온다

그리움의 절규
파고드는 계절은
누구를
잃어버린 것처럼
이리저리 헤맨다.

그리움으로 오는 그대

그대와 걷는 꿈길은
무지개 꽃길 같아서
영혼까지 행복했고
그대의 말 한마디는
따뜻한 햇살 같아서
가슴이 녹아내렸어

별 그림자
빛으로 노래하면
그대 눈동자는
별처럼 빛났고
해 그림자
빛으로 노래하면
그대 울타리는
초원이었어

바람 불면
그리움으로 오는 그대
살며시 기대고 싶은
부드러운 그대의 어깨.

은빛 일렁이는 밤

달이 찢어져
별이 되어버린 밤
가난한 마음에
사랑이 묻어오면

밤하늘
별들의 밀어가
작은 가슴을 설레게 한다

칠흑 속에
반짝이는 별 하나
내 가슴에 안으면
길 떠나는 이 밤이
마냥 좋기만 하다

꿈과 진실 그리고
사랑으로 가득 채운
은빛 일렁이는 밤.

그대는 아시나요

까만 밤을 하얗게
왜 자꾸만
지새워야 하는지
몸도 마음도
왜 이렇게
슬프도록 시린지

짧았던 만남은
왜 자꾸만
긴 기억에 남는지
별 반짝이는 밤이
왜 이렇게
고스란히 남은 것인지

바람과 비는
왜 자꾸만
가슴에 파도치는지
부치지 않을 편지
왜 이렇게
써내려 가는지

그대는 아시나요.

난 괜찮아

저만치 서 있는
사랑이라도
난, 괜찮아

전설처럼
아름답기에
저만치 서 있는
이별이라도
난, 괜찮아

후회 없는
사랑이기에
난, 괜찮아.

내 영혼에 가둔 사람

이름을 부르면
행복으로 다가오고
슬픔으로 저무는 그 사람

백 년의 시간보다
더 사랑했고
사랑한 시간보다
더 그리운 그 사람

함께 할 수만 있다면
바닷물이 말라
갈라질 때까지
사랑하겠다던 그 사람

보낼 수 없어
내 영혼에 가둔
그리운 그 사람.

그대 마음의 손

흰 눈이 내려와
조물조물 기억이 모여
그대는 그리움입니다

가슴 외진 곳
사랑의 향기 번져
그대는 눈물입니다

그저 마음속으로
안아 주어야 하기에
그대는 아픔입니다

만질 수 없어도
구만리 길에 있어도
그대는 사랑입니다

보낼 수 없는
그토록 많은 시간
그대 마음의 손을
놓지 않으렵니다.

가슴에 피는 꽃

사랑하는 만큼이나
아름다운 그대여

사랑의 철창 속에
나를 꼭꼭 가두면
하늘의 은빛별은
그대의 눈동자이고

마음과 마음이
하나가 될 수 있어
온 세상이 아름다워
나의 전부는
그대에게 채웠더라

생각만 해도
가슴이 저리도록
나의 영혼 속에
함께 숨 쉬는 그대여

세상의 어느 꽃보다
더 아름답게 피는
그대는
가슴에 피는 꽃이어라.

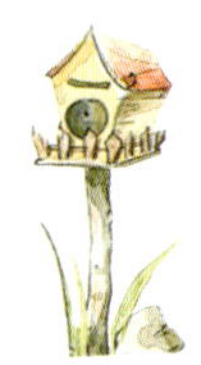

당신에게만은

아무런 말이 없어도
가슴으로 느낄 수 있고
사랑을 꿈꾸게 하며
온 마음을
줄 수 있는 사람
당신에게만은
그런 사람이고 싶습니다

생각만으로도
살랑대는 봄바람처럼
설렘으로 다가와
마음을 따뜻하게 하며
가슴을 녹게 하는
친구 같고 연인 같은
당신에게만은
그런 사람이고 싶습니다

당신에게만은.

백조의 호수

별이 잠들은
고요한 밤에는
이편의 작은 가슴이
그대의 마음을 덮고도
남을 만큼 부풀어 있어요

달빛 내리는
창밖에 서 있으면
허공에서도 느끼는
그대의 달콤한 입맞춤이
은빛 날개의 파도를 타지요

하얀 그리움
머무는 자리에
나는 한 마리 백조 되어
그대의 호수를 헤엄치며
이 밤도 넘나들고 있어요.

바보의 사랑

어젯밤
내린 눈에
하얗게 물든 세상
눈앞에 아른거리는 건
지워지지 않는
너의 미소이어라

한 잔의
따듯한 커피로
너와의 달콤한
입맞춤하지만
실제로는
추운 마음 같더라

눈물의
강에 빠질 것 같아
너를 부를 수 없어
구만리 먼 길에서
바라보는
바보의 사랑.

하늘만큼 담은 사랑

하얀 그리움에 머문 가슴
아침 햇살을 바라보다가
겨울나무에 은빛 꽃피면
보고 싶음에 창문 열겠어요

찬바람이 두 볼에 스쳐도
타다 남은 불꽃 다시 타면
차곡차곡 쌓은 그리움에
길을 나서겠지요

아름다운 눈꽃보다
더 아름다운 꽃으로
하늘만큼 담은 사랑
내 품에 안기겠지요.

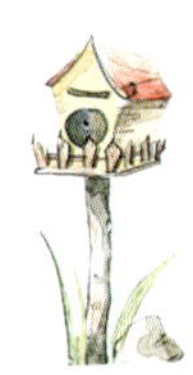

그리운 사람

십이월
차가운 냉기가
문 틈새를 비집고
바람에
등 떠밀려 들어온다

깊은 밤
가슴으로 안기는
귀에 익숙한 목소리
나의 별이 되어
헤아리고 있으면

눈처럼 쌓이고
눈처럼 녹는
그러기에
슬프도록 아름다운
그리운 사람아.

눈꽃으로 가득 피면

설원의 햇살이
노래하는 아침은
아름답고 찬란한
은빛으로 빛날 거에요

찬바람 먹고 사는
겨울 억새꽃이
당신의 마음을
안아주고 싶어하네요

당신만을 위한
쉼표 없는
사랑의 노래
부르고 싶어하고요

겨울나무
눈꽃으로 가득 피면
당신의 마음을
안아주고 싶어하네요.

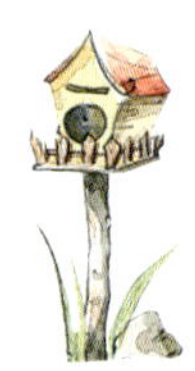

눈꽃송이 편에 보내는 마음

작은 빗줄기에도
가슴이 젖고 감격하는
그대가 보고 싶습니다

작은 바람에도
가슴이 두근거리는
그대를 사랑합니다

작은 들꽃 하나에도
눈길 머물러 주는
그대가 보고 싶습니다

마음까지도
만질 수 있는 사람
그대를 사랑합니다

긴 밤 내내
무르익는 마음
눈꽃송이 편에
보내렵니다.

어떻게 할까요

하늘이 외로움으로 다가오고
달빛도 붉게 물들인 밤
안개꽃을 바라보다
눈물의 강을 건넜는데
어떻게 할까요

그리운 꿈을 먹으며
밤새 걷는 길이 너무 멀어
마음의 색깔은
파랗게 멍들었는데
어떻게 할까요

어제 같은 오늘
오늘 같은 내일이
수레바퀴처럼 굴러가면
구멍 난 가슴은
어떻게 할까요.

그대와 함께

안개의 미로 속에서 헤매다
바람 사이로 스치는 숨소리
갈증으로 허덕이면
살 속 파고드는 그리움

그대의 더운 가슴은
피어나는 작은 꽃망울이고
그대의 달콤한 입술은
끈끈하게 이어지는 사랑이라

마지막 피는 불꽃처럼
저 환하게 발하는 붉은빛
그대와 함께
하늘 아래 빛내고 싶어

달빛 안고 가는 강가에서
아침 해가 떠오를 때까지
그대와 함께
밤새도록 별을 세고 싶어라.

겨울밤 그리움

가슴에 젖어옴이
빗물이든 눈물이든
여운 남기면
슬픈 미소입니다

둘이면서 혼자인
어설픈 사랑이
외로이 기웃거리면
지나는 바람입니다

눈 산 바라보며
그리움 타서 마시는
봉지 커피는
그대와 입맞춤입니다

겨울밤 지새우고
새벽안개 짙어질 때
피곤한 눈 감으면
그대가 그리운 겁니다.

그 모습 그대로

별이 쏟아지는
도시의 밤
외로워 보이는
긴 그림자가
너를
사랑하게 했나 봐

그 어떤 것으로도
바꿀 수 없는 너
그러기에
너의 이름 부르면
기분이 좋아져

눈 감아야
볼 수 있는 너
한 자락 바람에
어설픈 사랑에
떠나고 싶다면

그 모습 그대로
하늘 아래에만 있어줘
그 모습 그대로.

묵은 그리움

지척거리는 빗방울
온종일 들쑥날쑥 거려

빗물과 함께 젖어드는
그래서 더 그리워지는

그러기에
끌어안고 가야만 하는
묵은 그리움

팔이 너무 짧아
잡지 못함이 아니고
다리가 너무 짧아
가지 못함이 아닌데

익숙한 이별 인척
그 어떤 말도
하지 말아야 하는.

인연

그대와 함께하는
인연이라는 끈이
하나하나 엮어갑니다

아니 어쩌면
태어나기 전부터
정해진 인연인가 봅니다

그러기에
그대의 사랑이
그렇게도 사랑을
많이 배우게 했나봅니다

그대와 함께하는
삶의 한 자락이
행복의 날개를 치니
오늘에 존재하는
그대와의 인연을
꼭 잡고 놓지 않겠습니다.

비

못다 핀 여린 꽃
버리고 가는 사람
꽃밭은 왜 만드셨나요

사랑은 잠시 머물고
기억은 오래 머무는 사람
아쉬움은 왜 두고 가셨나요

사랑보다는
아픔으로 다가온 사람
언제나 무덤덤하게
친구라 부를 수 있을까요

다가갈수록 멀어지고
멀수록 가까워지는 사람
서투른 사랑에
창밖의 마음 서성거려요

한줄기 가을비에
하나씩 떨어지는 나뭇잎
그대가 자리한 곳에도
하염없이 비가 내립니다.

누군가 잠시 머물던 자리

가을은
거리를 뒹구는
갈색 낙엽들로
서정의 여운을 남기고

누구는
사랑이 보이지 않는다고
놓치고 싶지 않다고
마음 쓸어안고

누구는
마음 한 자락에
비 맞은 가을 냄새

누군가
잠시 머물던 자리
떨쳐 버리지 못하는
새로운 시작에 머물고
바램으로 다가오는 내일이
오늘에 느껴짐은 어인 일인가.

그리움입니다

한 조각의 추억이
가을 나뭇잎처럼
차곡차곡 쌓여 가면
그리움입니다

풀벌레 울음소리 따라
말로 다 표현 못 하는
시린 마음이면
그리움입니다

소리 없이 내리는 이슬
영혼 속의 마음을
흠뻑 적신다면
그리움입니다.

오늘만은

그대여
언제부터 마음의 문을
꼭꼭 걸어 잠그셨나요
오늘만은
누군가와 손잡고 나가세요
아름다운 천지를 볼 것입니다

그대여
언제부터 두 날개를 잃고
근심하고 계시었나요
오늘만은
그대만의 꿈을 갖으세요
비전의 희망을 잉태할 것입니다

그대여
언제부터 행복의 빈터에서
서성이고 계시었나요
오늘만은
행복의 텃밭 잘 가꾸어보세요
파안대소의 행복을 누릴 것입니다.

그대가 머문 자리

그대가 머문 자리
마음에 닿는 따뜻한 온기는
하나의 귀한 인연입니다

그대가 머문 자리
코끝에 닿는 진한 향기는
가슴 적시는 사랑입니다

그대가 머문 자리
하늘 아래 둘도 없는 만남은
너무도 소중한 시간입니다

그대가 머문 자리
인생의 최대 행운인 축복은
신이 가져다준 선물입니다

그대가 머문 자리
나의 시가 될 것입니다.

비가 내리는 날이면

비가 내리는 날이면
내 마음이
방울방울 빗물 되어
떨어집니다

비가 내리는 날이면
그대의 마음이
어디까지 오셨는지
궁금합니다

비가 내리는 날이면
아련한 그리움이
한 차례 몰고
왔다 갑니다

비가 내리는 날이면
그대 계신 곳에도
비가 내렸으면
좋겠습니다.

할 말이 없어라

먹장구름 높낮이
들쑥날쑥하니
빈 가슴에 쌓이는
침묵의 언어 울먹거리고
나는 할 말이 없어라

타다 말은 검정 숯
뿌연 안개로
뜨거운 눈물 쏟아져
고즈넉한 심신 서성거리고
나는 할 말이 없어라

시리도록 차가운 이름
엇갈리는 시간 앞에
인연의 가지 흔들어
몸과 마음이 흩어져버리고
나는 할 말이 없어라.

이편에 맘 전해 달라고

흐르는 강물 위에
내 마음 띄웠어요
바다로 흐르다
태평양 건너 저편에
보고 싶은 이편의 맘
전해 달라고

하얀 뭉게구름 위에
내 마음 담았어요
허공을 가르다
작은 도시의 저편에
기다리는 이편의 맘
전해 달라고

머무른 바람 속에
내 마음 실었어요
능선을 지나다
언덕 너머 저편에
사랑하는 이편에 맘
전해 달라고.

그대의 별

추적추적 빗소리에
촉촉이 젖어오는 가슴이
점점 작아집니다

사랑하면 할수록
자꾸만 멀어져가는 것 같아
마음이 쓸쓸합니다

멀어지면 멀어질수록
바라만 보아야 할 것 같아
자신이 초라해집니다

그대의 별
어두운 구름 위로 숨어
은하수에 안기려나 봅니다.

외로운 자의 이름

심장 박동이 뛰듯
쉼 없는 시간은
살아 숨을 쉬고 있어
하염없이 머무르고 있어라

바람을 붙잡아 놓고
젖은 가슴 슬피 우는데
가을 풀벌레 소리
어깨를 타고 들려오더라

바다는 말이 없고
물결 위로 번지는 얼굴
아직도 떠나지 못한
외로운 자의 이름이었던가.

그대 정원에 머무는 동안

오래전에
펼쳐진 푸른색 꿈들이
무지개다리로 넘나들며
하늘과 땅이
꿈을 주고받았습니다

기쁨과 아쉬움이
비워지면 채워지고
삶의 공존은 약이 되어
오늘을 사는 의미가
그대를 바라봅니다

세월의 굴레 속에
믿음으로 어우러졌던
우리 언약의 자리엔
관악기의 선율처럼
오늘이 아름답습니다

그대 정원에
머무는 동안은
빨주노초파남보의
사랑의 아름드리 꽃으로
가지마다 수를 놓겠습니다.

다시 부르고 싶은 이름

목마른 갈잎
울어대는 가을날은
깊은 호수만큼
그리움도 깊어져 간다

화들짝 핀 얼굴
먼발치에서 더듬어 보면
떨칠 수 없는 덧칠한 가슴
미련의 끈을 놓을 수 없어라

한 발자국 내 디디면
다시 부르고 싶은 이름 있어
오늘 밤은 떠도는 바람 되어
그대 창문으로 가리라.

당신은 어떻게 살고 있나요

그대를 사랑하는 마음에
집착하지 않으려 했어요
소유하려고도 하지 않았어요

그대를 지키고 싶어서
처음처럼 늘 사랑했고요
후회할 일을 만들지 않았어요

그대의 영혼은
새벽이슬처럼 깨끗하고
마음의 창은 늘 열려 있었지요

바람 한 조각에도 가슴이 뭉클하고
실비 한 줄기에도 찡하고 애잔해요
나는 이렇게 살고 있는데
당신은 어떻게 살고 있나요.

너와 나

네가 호수가 된다면
나는 안개가 되겠어
그래서
새벽 물안개를 만들자

네가 바다가 된다면
나는 바람이 되겠어
그래서
파도가 출렁이는 바다를 만들자

네가 비가 된다면
나는 해가 되겠어
그래서
고운 무지개를 만들자

네가 하늘이 된다면
나는 별이 되겠어
그래서
별이 빛나는 밤을 만들자.

창문 사이의 불빛

창문 사이로 내리는 불빛이
시린 마음을 따뜻하게 감싸면
누군가 기다릴 것 같아서
그리움은 가난처럼 노출된다

사랑이 피려고 하는가
아니 사랑이 스미고 있는가
아니면 사랑하고 있는가

마음의 돛대가 허둥지둥하면
차라리 창문을 닫고
자신의 우주에 하나의 구멍을 내어
시의 꽃을 피우리라

창문 사이로 내리던 불빛이
어느새 꺼져있고 심연의 깊은 밤은
여물어 가고 있다.

별들이 잠든 밤에

별들이 잠든 밤에
서성이는 그리움이
가슴에 밀려왔다 밀려간다
계절을 넘나드는 철새처럼
방향 없이 흔들리는 나무처럼

강풍에 휩쓸려 떠나간 사랑
선바람 타고 다시 오면
묻고 싶어
그동안 많이 힘들었는지
이제는 아프지 않은지

너의 사랑을 빈 잔에 가득 채우고
붉게 타는 희열에 취하여 마시고 싶어
찬바람이 불어도 춥지 않을 만큼
별들이 잠든 밤에.

그대의 고운 향기

흐린 하늘이 연못에 빠졌어요
구름도 쫓아와 같이 있어요
하늘과 구름은
사랑하는 사이인가 봐요

아기 옥 나무의 잎이
바람에 가냘프게 춤을 춰요
흔들리는 옥나무는
바람을 사랑하나 봐요

창밖에서
황소개구리의 노랫소리가
슬프게 들리는 이유는
왜 그럴까요

창가에 앉아 마시는 커피잔에
입맞춤하니
그대의 고운 향기가 묻어납니다.

보고 싶다

푸른 숲의 자연을 닮은 친구야
가끔은 네가 그리워진다
그저 바라만 보아도
늘 반가운 미소로 받아주던 너

잔잔한 호스를 닮은 친구야
오늘은 너가 몹시도 그립다
삶을 엮어가는 마음이 아름다워
늘 평화로 가득 찼던 너

늘 마음의 고향 같은 친구야
지금은 뭐 하고 있을까
어느덧 긴 세월은 흘렀지만
동그란 얼굴의 너의 환한 미소가
내 눈에 아른거린다

오늘은 유난히도
아니 미치도록
왜 이렇게 보고 싶은 것일까.

기다림

손짓만 바라보아도
고운 향기를
물씬 느낄 수 있는 사람

웃음소리만 들어도
가슴 설레며
뼛속까지 스며오는 사람

맑은 눈빛은
깊고 잔잔한 호수 같아
금방이라도
빨려 들어갈 것 같은 사람

하루를 천 년처럼 기다리는데
이런 사람이
추억의 일기장에 살고 있더라.

그대를 사랑합니다

뜨거운 태양이 쏟아질 때
시원한 그늘이 되어주는
소나무 같은 그대를 사랑합니다

바람이 차가와 떨고 있을 때
따뜻한 미소로 다가오는
태양 같은 그대를 사랑합니다

늘 따뜻한 손 내밀어 주는
넉넉한 가슴을 가진 그대
나는 그대를 사랑합니다.

바다 같은 그대

아무리 퍼내고 퍼내도
줄어들지 않는 바닷물처럼
그대의 넓은 가슴은
바닷물을 닮았네요

깊이가 너무 깊어
줄자로도 측량할 수 없는 것처럼
그대의 깊은 가슴은
바닷속처럼 깊기도 하네요

먼 옛날에
바다에 빠진 값진 보물이
숨어 있는 것처럼
그대의 속 깊은 사랑 나는 알지요

나는 바다를 사랑합니다
바다를 많이도 닮은 그대가
그래서 사랑스럽습니다.

2부. 마음의 창

당신이 보고 싶은데
무슨 이유가 있나요
재래시장을 걸어가시던
쪽찐 머리의 뒷모습이 아른거려요

-어미 중에서-

한 수에 달래는 맘

밤을 쪼개며
그리움의 긴 실타래
풀어 내리면
쉼 없이 잠 못 드는 밤

마법에 걸린 것처럼
따라다닌 꿈길
마음에 일렁이는 파도
진홍의 꽃 끌어안는다

먼 길이라도
팔이 닿을 수 있고
보이지 않아도
잃어버리지 않는데

진실 담은 마음의 크기
시간의 문지방 넘어
기약 없는 세월에
점점 커지는데

하루가 흐느적거려
서러워
시 한 수에 달래는 맘.

당신이 있어

찌그러진 사과
한 잎 먹어보니 꿀맛입니다

털털거리는 자동차
앉아보니 너무도 편안합니다

세월에 묻은 당신 얼굴의 주름
너무 멋있고 귀하고 귀합니다

겉모습은 그래도
안 모습은 바위 같은 당신이 있어
나는 든든합니다.

실

사람 때문에 웃고
사람 때문에 울어요

좋은 것도 영원하지 않고
싫은 것도 지나고 나면
찰라 이겠지요

사람의 두 얼굴로
감당할 몫이 두 배이나
사랑의 씨앗 심으면
싹이 트고 꽃이 피겠지요

진실을 기다려야 하기에
거짓이 지나가기를 기다리면
사람의 입에서 나온 말은
강물처럼 흐르고
바람처럼 지나겠지요

사람 때문에 웃고
사람 때문에 울어요.

삶

세월의 뒤안길
희로애락은
고맙고 미안하고
미안하고 고맙기에
사랑이라고 합니다

고갯길 넘으면
다른 길이 나오고
또 다른 길이 나오고
땀 흘리며 가다가
잠시 쉬어가고 하기에
인생이라고 합니다

누군가를 위해
일을 할 수 있고
누군가를 위해
글을 쓸 수 있는
두 손이 있기에
희망이라고 합니다

주어진
내 모든 삶이
감사하기에
행복이라고 합니다.

사랑

눈꽃처럼 하얀 사랑
안아주고 싶습니다

그대의 따뜻한 사랑
마음의 비타민이고

공기처럼 소중한 사랑
하늘의 선물입니다

한결같은 사랑
우리의 운명이고

옆에 있어도 그리운 사랑
천 년의 강이 흐르고

편안함이 묻어나는 사랑
나의 노래와 시입니다.

빈 깡통

바다는 그대로 바다인데
태양은 그대로 태양인데
빈 깡통 달그락거리는 소리
내 귓전에 들려오네

세월의 뒤안길로
훈훈한 마음의 밀알
아름다운 여운으로
남았으면 좋겠는데

아무것도 변한 건 없는데
그 자리 그대로 있는데
조석으로 변하는
어리석은 마음이
너무도 안타까워라.

이런 삶 살게 하소서

봄날의 연분홍 꽃처럼
소박한 향기 가득히
풍기는 삶 살게 하소서

나
가진 것 별로 없지만
한 줌의 따뜻한 마음
나누는 삶 살게 하소서

나
아는 것 별로 없지만
이해와 배려하는 마음으로
고운 삶 살게 하소서

나
미워하는 사람 없이
겸손과 소박한 마음으로
사랑하는 삶 살게 하소서

생활이 나를 속여도
마음을 비우고
감사하는 삶 살게 하소서.

당신이 계시기에

어제도 오늘도
늘 함께하시는
당신이 계시기에
행복합니다

낮에는 해처럼
밤에는 달처럼
빛 가운데
걸어가게 하시는
당신이 계시기에
무섭지 않습니다

드린 게 없어도
천상의 향기로
꼭꼭 채워주시는
당신의 선물이
고맙습니다

이 땅에 삶이
너무도 짧은데
천 년을 함께 누릴
당신이 계시기에
살맛이 납니다

사랑하는 아버지
당신이 계시기에.

오늘

커피 향과 함께하는
아침으로 물들어가는
어스름한 창밖은
나의 눈을
즐겁게 해줍니다

덤으로 사는 인생
세파에 지친 세상
당신 품에 안깁니다

달콤한 당신의 미소로
힘을 얻게 하소서
밝아오는 햇살 위에
실바람이 춤을 춥니다
오늘도 사랑을 쌓으며
사랑을 나누며 살게 하소서

아름다운 아침이
행복을 속삭입니다
오늘이
최고의 날이 되게 하소서.

어미

당신이 보고 싶은데
무슨 이유가 있나요
재래시장을 걸어가시던
쪽찐 머리의 뒷모습이 아른거려요

밝은 웃음 가득한 얼굴이
그리워요
속상해 애태우던 모습이
눈에 선해요
한밤에 흘리는 눈물은
왜 그러셨는지 궁금해요

가슴에 품은
어미의 추억은
늘 아쉬움으로 남기에
그리움에 맺혔어요.

갈색 커피와 그대

고요한 밤
한 잔의 갈색 커피와
음악이 깔린
아름다운 밤의 향기에
마음을 빼앗겨버렸네요

수 없이 그려보고
수 없이 불러보는
그림자 같은 사람
내 안에 그대를
가두었나 봅니다

달빛 내리는 밤
찻잔 속에 담은
아름다운 그대가
긴 여운을 남기고
모락모락 피어납니다.

예쁜 사랑

숨을 쉬는
공간만으로도
입맞춤을 느낄 수 있는
예쁜 사랑

생명수를
마신 것처럼
영원히 마르지 않는
예쁜 사랑

그대는
나의
예쁜 사랑.

그대여

그대여
오래전부터
기다림의 희망으로
애타게 기다렸습니다

그대는
오늘을 위해
하늘이 준비된
사랑의 선물입니다

그대여
오늘의 영광을
꽃수레에 싣고
기쁨으로 노래합니다

그대여
가슴에 심은 꽃
푸르게 물들이시고
꽃의 열기를 안으소서

그대가
머문 자리에
고운 희망 키우시고
꽃향기 품으소서.

-박근혜님께 드리는 글-

우리들의 꿈

빛을 품고 오시는 이
푸른 희망 가지마다
승리의 열매 터지니
더욱 아름다워라

당신으로부터 오는
온 누리가
꿈이 가득한 천 리 길 되어
더욱 아름다워라

험난한 세상을
혼탁한 세상을
다 덮어버리려
하얀 눈 속에 피어나는
눈꽃처럼 말이다

우리들의 꿈은
한 그루의 나무를
가꾸는 행복이
더 큰 행복이어라.

너의 그림자

한낮에 반짝이는 큰 별빛
하루가 지나고 이틀이 지나고
사흘이 지나도 저 하늘에 있어

하늘거리는 하얀 눈꽃 사이로
더듬거리며 높은 산 올라가면
잡힐 것 같은 큰 별 그대의 마음

발아래 밟힌 흔들리는 구름아
잡히지 않는 흩어진 시간아
겨울바람 하얗게 춤을 추는구나

함초롬히 안기고 싶은 나의 심신
세월 속에 남아 있는 여인으로
조심스레 안아보는 너의 그림자.

꽃 속에 부서진 마음

창문 너머로
겨울 정원이 흔들리고
물빛 소리 가슴을 애무하고
하늘을 가득 채운 구름

구름 위에 마음 싣고
구름 위에 발 디디면
발밑을 들썩이는
하얀 그리움

가슴 위로 한 아름
하늘거리는 하늘 꽃
꽃 속에 부서진 마음
살며시 미소 짓는다.

겨울 산행

하늘 가까운 겨울 산에
흰 눈이 발목까지 적시고
사뿐히 드러누운 눈꽃
숨소리까지 은빛 되어 반짝인다

흰 들국화 같은 마음
춤추는 흰 눈 위에 싣고
기쁨의 날개 달아 주면
바람에 등 떠밀려 가겠구나

달랑 남은 12월
이별의 준비보다
산과 산의 떨림 속에서
낭만이 숨쉬는
아름다운 시가 되고 싶어

하늘 가까운 겨울 산에
흰 눈은 자꾸만 쌓여 가는구나.

시편

밤을 하얗게 지새우게 하고
행복에 빠지게도 하는
너는
나의 가슴의 꽃이어라

기쁨에 흠뻑 물들게 하고
고독에 살살 녹게도 하는
너는
나의 요술쟁이이어라

생각만 해도 미소 짓게 하고
보기만 해도 배부르게 하는
너는
나의 좋아하는 친구이어라

들꽃처럼 은은한 향기와
가슴을 시리게도 하는
너는
나의 사랑하는 애인이어라

그리고
나의 사랑하는 시편이어라.

고운 사람아

꽃눈이 흩날리는 날
홀로 떠나버린
가슴에 묻은
고운 사람아

꿈을 꾸며 가는 길
하늘길 따라가면
만날 수 있는
고운 사람아

곱게 왔다가
빨리 가버린
그러나
커다랗게 보이는
고운 사람아

먼 훗날
무지개다리 건너
하늘 사다리 오르면
다시 만날 수 있는
고운 사람아.

올겨울에도

처음 그대를 만난
텍사스 12월의 겨울은
오늘처럼 포근했어요

늘 그랬듯이 올겨울에도
함박눈이 펑펑 내리는 길을
그대와 마냥 걷고 싶습니다

늘 그랬듯이 코트 주머니에
함께하는 따뜻한 손이라면
겨울 낭만은 의미가 있겠지요

먼 길 떠나는 외로운 인생
손잡아 주는 그대가 있기에
올겨울에도 춥지 않을 것입니다.

바람 부는 동안은

내가 있는 자리에
가을은 가버리고
낙엽도 가버리고
하늘만큼 땅만큼
그리움만 남았습니다

그대가 있던 자리에
비가 내리고
바람도 불고
쉼표 없는 사랑
비에 젖어 웁니다

우리가 있던 자리에
또 다른 사람이
또 다른 사랑을
한 계절 누리다
또다시 가겠지요

바람 부는 동안은...

민들레 꽃이었어라

봄날의
꽃을 피우기 위해
추운 겨울은
찬바람 몰고 오는데

그대의
가슴에 심은 꽃은
겨울에도 피는
민들레 꽃이었어라

두 볼 위로
스쳐 가는 바람결에
그대의 입술도 스쳐 가고
나의 마음은 일렁이고

허공에 맴돌던
그대의 낮은 목소리
나의 귓구밍을
살며시 간지럽히면

찬바람 속에서도
그대의 가슴은
겨울에도 피는
민들레 꽃이었어라.

꽃보다 아름다운 인생

삶이 걸러낸 운명이여
굽이굽이 부딪친 인생이여
돌아온 세월 돌이켜보니
세상의 허기진 배
채우며 살았구나

육신은 시들어 가지만
저당 잡힌 영혼을
위해 살게 하시고
기나긴 겨울이
부활을 위한
기도가 되게 하소서

못생긴 인생이라도
꽃보다 아름다운 건
울다가 웃을 수 있는
영혼이 살아 있음이요

오늘의 감사와 내일의 희망을
사랑의 선물로 받았음이라.

그리운 예쁜 추억

동그란 얼굴이 그리운 날은
눈부신 햇살을 바라보고

예쁜 눈동자가 그리운 날은
반짝이는 별을 바라보고

고운 목소리가 그리운 날은
대답 없을 이름 불러본다

가슴이 휑 하고 바람이 부는 건
외로이 혼자 있기 때문이고

새벽이슬이 맑은 건
눈물 떨어진 방울 때문이고

지는 노을이 아름다운 건
추억이 예쁘기 때문인 거야.

아름다워라

아름다운 색으로
물들었던 낙엽
스스로의 이별이 아름다워라

가을을 만나
꽃물 들었던 시간
고왔던 흔적도 아름다워라

구름처럼 흐르고
바람처럼 스치는
철새 같은 만남도 아름다워라

함박눈
펄펄 내리는 길에서
우연히 그대를 만난다면
하늘 같은 사랑 아름다워라.

가을밤

바람 한 줌
가슴 어루만지면
귓전에 들리는 소리
메아리 되어 돌아온다

심연의 깊은 눈
안갯속에 머물면
시야에 보이는 것은
한라의 풀빛 가슴이어라

건너지 못할 섬에
누군가를 가두고
철창에 갇힌 마음이
가지 끝에 달려 있어라

싸늘하게 식어가는
늦은 가을밤은
이렇게
하루를 채우며
내 곁을 떠나가누나.

십일월의 詩

간밤에
추적추적 내린 비에
잠 못 이루고
허공에 걸친 잿빛 구름
바람에 밀려가네

갈색 하늘
떠날 준비 재촉하니
가지 끝에
대롱대롱 매달린
마지막 잎새
추풍으로
마음 태우고 있더라

잡을 듯...
잡힐 듯...
소리로 표현할까
색깔로 표현할까
떠나는 임
붙잡고 싶은
십일월의 詩...

사랑으로 채우련다

비바람이
몸을 비틀고
허공을 감아 도니
간밤의 젖은 비에
그리움은
더욱 촉촉한데

스스로
길 떠나는 갈잎
보내기 아쉬워
갈바람에
흩날리는 빗물은
눈물이었네

천 년을
함께 호흡하고 싶은데
조각조각
쌓인 마음
임의 가슴이 되고 싶은데

멀어져가는 저편
진실의 단추를
사랑으로 채우련다.

가을 여행

누군가를
좋아하고 사랑했다가
몹시도 그리울 땐
혼자만의
가을 여행을 떠나보세요

가을 숲을 걸으며
나무와 도란도란 대화도 나누고
바닷가를 거닐며
모래 위에 발자국도 남기세요

한 줄기 바람에
마음도 날려보고
외로움도 한 올 한 올
벗겨보세요

그리움도
외로움도
아름다운 친구가 되고
아름다운 추억이 될 거에요.

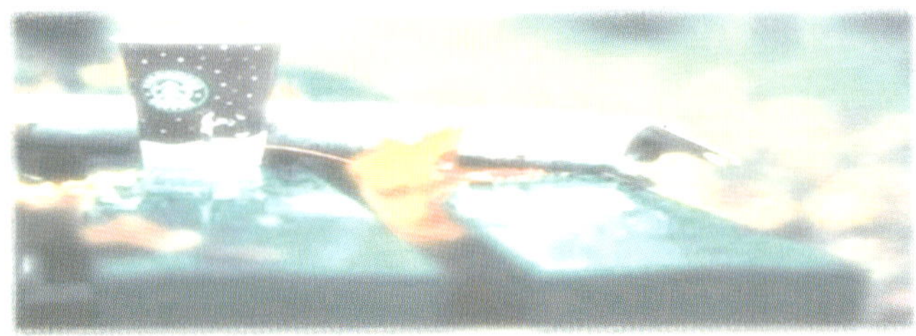

서로 사랑하며
살았으면 좋겠습니다

우리는
같은 하늘 아래 살며
해와 달을 나누어
밤과 낮을 같이 하기에
서로 사랑하며 살았으면 좋겠습니다

우리는
아름다운 자연 속에서
강물을 나누어 마시며
식물을 나눠 먹기에
서로 사랑하며 살았으면 좋겠습니다

누구나
언젠가 한 번쯤은
누군가를 아프게 했고
누군가로부터 아파야 했기에
서로 사랑하며 살았으면 좋겠습니다

우리는
언젠가 본향으로
돌아갈 사람들이기에
세상에 사는 동안은
서로 사랑하며 살았으면 좋겠습니다.

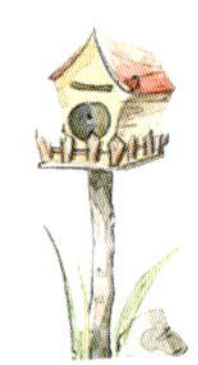

겨울이 오면

십일월의 바람이
가을빛 하늘에 서고
파고드는 늘어진 그리움
종종걸음으로 다가옵니다

우르르 쏟아져 나오는
드러내지 않은 사랑
색색으로 풍경이 되어
더욱 아름다운가 봅니다

천 년의 숨결로
영원히 남기고 싶은 사랑
붉은 석류알 같은 성숙함이여

겨울이 오면
그대의
그리운 사람이 되렵니다.

그리운 친구

구르는 낙엽이
재미있다고
까르르 웃던 해맑은
그리운 친구야

오늘은
갈색 낙엽이
멍든 상처로
굴러가는구나

한 줄기 바람에도
흘러가는 구름에도
그리고
빗방울 속에도
그리움을 담고 싶은 건

세월이 지난 만큼
그리움도 나이를
먹어서일까

그리운 친구
우리는 삼총사였지
숙이야
순이야.

오늘이 있어 감사합니다

아침을 열면서
주어진 오늘은 신의 선물입니다

생의 마지막 날이면서
첫날인 오늘이 너무도 소중합니다

어제가 있었기에
오늘의 내가 있음을 감사하고

오늘이 있어
내일의 희망이 있음을 감사합니다

사랑하는 가족이 있어 감사하고
사랑하는 이웃이 있어 감사합니다

모자라지도 아니하고
남지도 아니하는 24시간이
하루인 것이 감사합니다

오늘이 있어 감사합니다.

세상에서 가장 아름다운 얼굴

붉은색, 노란색 물들인 낙엽들이
길가 여기저기 뎅그러니
드러누워 있는 언덕길

좁은 길 사이로 느슨한 바람 불고
호수를 덮은 아침 안개는
여인의 치마폭 같더라

비가 오는 날 가끔은
세상에서 가장 아름다운 얼굴이
콧등을 자극하면
파노라마 치는 그리움

빗물에 젖은 두 어깨에
눈을 깜빡이던 소년... 소년... 소년.

이런 친구

돈만 있으면
안되는 게 거의 없지요
그러나
친구는 돈으로 살 수 없어요

서로의 표정만 보아도
마음을 읽을 수 있고
서로의 눈빛만 보아도
영혼을 읽을 수 있는
그런 친구 하나 있다면
당신은 행복한 거지요

친구가 수없이 많아도
마음을 열지 않는다면
올바른 친구 하나만 못하지요

태어나서부터
지금까지의 수많은 친구 중
나는 몇 명의 이런 친구가 있을까.

나의 친구

마음을 열어
사랑과 행복을 전하는
당신의 꽃잎 같은 입술이
참으로 아름답습니다

손을 내밀어
친구의 눈물을 닦아 주는
당신의 따뜻한 두 손이
참으로 아름답습니다

두서없는 말을
인내로 끝까지 들어주는
당신의 작은 두 귀가
참으로 아름답습니다

당신을
보고 있노라면
산다는 것이 감사하고
죽음까지도 감사합니다

당신은
나를 구원해 주신
영원한
나의 친구입니다.

살다 보면

살다 보면
웃음과 슬픔과
그리고 그리움이라는
삶의 친구가 있다

진실이 나를 웃길 때 한없이 웃었고
진실이 나를 울릴 때 한없이 울었다
웃음과 눈물은 평생 따라다니는
질기디질긴 친구인가보다

겨울에는 더운 여름이 그립고
가을에는 따스한 봄이 그립다
그리움은 평생 따라다니는
질기디질긴 친구인가보다.

예쁜 친구

평소 말이 없던 친구가
어느 날 건네주는 따뜻한 한마디는
마음을 따뜻하게 해줍니다

평소 잘 만나지 않았던 친구가
어느 날 잘 있느냐고 걸어오는 전화의 한마디는
가슴을 훈훈하게 해줍니다

평소 웃음이 없었던 친구가
오늘은 활짝 예쁘게 웃었습니다
햇살 같은 얼굴이 눈부시게 빛났습니다

깨물고 싶을 정도로 예쁜 친구.

너는 마법사 같았어

건너지 못할 강을 만든 세월
잊지 못할 기억을 만든 너
팔이 짧아 저편에 닫지 않고
날개가 없어 저편에 못 가네

커피잔 속에 아른거리는 얼굴
음악 속에 젖어오는 너의 향기
너는
나의 머리를 멍하게 만드는
마법사 같았어

꽃 바람에 너의 목소리 향기롭고
사랑 비에 나의 목소리 젖었었지
너는
나의 눈물샘을 마르지 않게 하는
마법사 같았어.

당신은 고운 향기

건너지 못할 강가에 피는 꽃이여
빗속에서도 피어 있는 불씨여
또 하나의 당신은 고운 향기여라

어둠 속에 빛나는 별이여
큰 파도에 끄떡하지 않는 바위여
또 하나의 당신은 고운 향기여라

먼 길을 달려와도 피곤하지 않고
아무리 보아도 싫증 나지 않는
또 하나의 당신은 고운 향기여라

당신의 향기는 평온입니다.

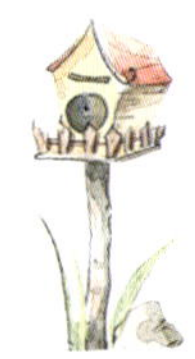

처음부터 계신님

처음부터 계신님이 나를 아신다
나의 비밀까지 아시는 님
가끔은 나의 떨림이 삐죽거리고
작은 손만 만지작거린다

영혼의 두드림에
님의 포로가 되었다가
가끔은 마음이 가출하고
어디쯤 가다가 님그리워
다시 찾는 처음부터 계신님

별들이 숨어버린 밤
낮은 빗소리 주르륵 거리고
추운 기운이 내 어깨를 감싸니
빙긋이 웃음 지으며 손 내미는
처음부터 계신님.

이렇게 갚아주세요

당신을 누가 미워하고 있나요
당신은 사랑으로 갚아주세요
미워하는 자는 미움을 얻지만
사랑해준 당신은 사랑이 더해집니다

당신에게 누가 오만불손했나요
당신은 공손함으로 갚아주세요
오만불손한 자는 초라함을 얻지만
공손한 당신은 성숙함이 더해집니다

당신에게 누가 거친 말을 했나요
당신은 부드러운 말로 갚아주세요
말이란 살아서 운동력이 있기에
말 그대로 자신에게 전해지지요.

당신은 태양입니다

당신의 미소가 아름답다
화사한 고운 자태의 움직임
하늘의 언어를 닮은 작은 우주여

당신의 손끝을 존경한다
마지막 날 꿈을 접은 자에게
희망의 무기를 빌려주는 자여

당신의 천사 닮은 목소리
사랑의 언어는 천상의 소리 같다
매일의 일상을 웃음으로 웃게 하는 자여

당신의 노래는 하늘의 노래다
땅에 속하지 않은 신의 노래 음률
죽어도 영원히 사는 영원한 나라의 노래

당신의 이름은 써니
당신은 태양입니다.

바람 부는 새벽까지

바람 부는 밤부터
밤을 새우다시피 누군가에게
무작정 쓰는 편지를
시집 속에 가둔다

까만 밤에 찾아오는 그리움
마음의 파도 출렁거림
어지러운 멀미에
빈 가슴 설렌다

은하수의 나라가 잠들 때쯤이면
화성인과 금성인의 사랑이야기
은빛별 되어 반짝이며 춤추겠지
바람 부는 새벽까지.

초록빛 당신을 기다렸습니다

언약은 없었지만
이맘때쯤이면 오시리라 믿고
초록빛 당신을 기다렸습니다

목을 할퀴는 듯한 갈증
당신의 향기에 중독이라도 된 듯
초록빛 당신을 기다렸습니다

신선한 바람이 어깨 위로 지나면
당신만의 꽃이 되고 싶어서
초록빛 당신을 기다렸습니다

질투의 신이 훔친 사랑비
되돌려 주기를 바라는 맘에
초록빛 당신을 기다렸습니다.

말의 빚을 지고 삽니다

혀에서 나오는 말의 실수
내 마음과 전혀 상관없이
반대로만 빗나가는 말
그게 아닌데 하면서도

그런 날은 밤잠도 설치고
꿈에서도 힘들어하지요

까만 밤을 하얗게 지새워도
가슴은 여전히 쿵쾅거리고
자신의 초라함은 밑바닥을 치고
그게 아닌데 하면서도

그런 날은 일하면서도
집중이 되지 않아 힘들어하지요

강하고 약한 세 치의 혀
담을 수 없는 쏟아진 물
말의 빚을 지고 삽니다.

비에 젖은 벚꽃 나무

벚꽃 나무가 비에 젖었다
가지에 매달린 빗방울
바람을 견디지 못해
꽃잎과 함께 떨어지고 말았다

봄바람 부는 길목에서
사랑의 이야기보따리 풀어
겨울에 피지 못한 꽃의 사연
주렁주렁 풀어놓는다

누군가의 빈자리가
이렇게 크다는 것을 알았더라면
예전에 연습했어야 하는 건데

그쪽도 비가 내리고 있나요.

별이 되어버린 당신

당신은 나의 빛이었습니다
당신이 줄어들 때 나는 자랐고
당신이 희생할 때 나는 더 달라 했고
당신의 속이 까맣게 타들어 가도
나는 이해를 못 했습니다
깜깜한 밤 당신의 눈물이
무엇을 뜻하는지 무엇을 말하는지
나는 아무것도 모른 채
꿈속에서 헤맸습니다
당신이 아파서 내가 있어야 할 때
나는 바쁘다고 어디론가 갔었고
당신을 까마득히 잊었습니다.

당신이 떠나고 어느 날
당신이 나의 빛이란 걸 알았고
당신의 희생으로 내가 자란 걸 알았고
캄캄한 밤 당신의 눈물이
무엇을 뜻하는지 알았습니다
이제는
별이 되어버린 당신을 위해
할 수 있는 일은 아무것도 없고
마음이 허허롭기 짝이 없습니다
별이 빛나는 밤이면
당신의 별을 찾느라 애써봅니다.

서로 사랑한다

태양이 흰 구름을 바라본다
허공에 매달려 흘러가는 흰 구름
태양과 흰 구름은 서로 사랑한다

파란 하늘이 푸른 바다를 바라본다
잔잔한 파도를 좋아하는 푸른 바다
파란 하늘과 푸른 바다는 서로 사랑한다

유월의 꽃들이 사랑 비를 바라본다
사랑을 가져다준다는 사랑비
유월의 꽃들과 사랑 비는 서로 사랑한다.

비가 오던 날

비가 오던 날
우산 속에 사랑이 있었다
수줍은 미소에
들꽃 같은 환한 미소
적셔오는 사랑의 느낌도

비가 오던 날
도시의 불을 켠 밤은 밝았다
침묵 흐르던 아쉬운 이별은
손수건 흔들며
오래도록 서 있었다
너를 향한 마음이 갈 곳을 잃은 채.

그대는 아시나요

그대는 아시나요
당신이 행복했을 때 내가 더 행복했던 거
보석 같은 시간이 옥구슬 굴러가듯
아쉽게도 빨리도 구르더군요

그대는 아시나요
당신이 슬펐을 때 내가 더 슬펐다는 거
밤새워 써내려간 얼룩진 편지
안개가 눈을 가려 보이지를 않았죠

그대는 아시나요
그대를 사랑하는 마음은
어제가 내일이고
오늘이 어제입니다.

슬픈 행복

언제부터인가
가슴이 꽃의 열기를 안고 있었어
실비가 내리는 오늘 밤은
더욱 짙게 물들게 했지

어디서부터인가
걸어왔던 사랑의 발걸음 소리
빛깔과 음색이 오늘 밤은
더욱 심신을 흔들어 놓았지

그래도 이런 날
추억을 그리워한다는 건
슬픈 행복이 아닐까.

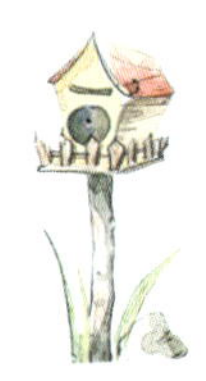

보고 싶어요

바람이 불면 가슴이 휑하고
당신의 얼굴이 보고 싶어요

따뜻하고 고맙고 미안하고
사랑한 시간까지
소중한 시간이었지요

가슴으로 당신을 부르면
그리움이 녹아내리고
무던히도 참았던 눈물
삼키지 못해 토하고 말아요

당신이 흘리고 간 젖은 언어
가슴에 파고들면
연모하는 슬픈 사랑이
그대 품에 안깁니다

이제는 멀리도 아니고
가까이도 아닌 거리에서
석양을 바라보듯
그대를 바라만 봅니다.

사랑하는 친구

친구를 사랑하기까지
그리 오래 걸리지 않은 것은
친구의 따뜻한 마음과
차분한 음성 때문이에요

나의 흐트러진 모습에도
변함없이 그 자리에 있어주고
안 보는 듯 없는 듯하지만
늘 그 자리에서 지켜주고 있지요

친구 보고 싶을 때 달려가도 되나요
마음이 슬플 때 같이 울어줄 수 있나요
살다가 힘들 때 기대도 되나요

내가 보고 싶으면 전화해 주세요
언제라도 달려갈게요
마음에 슬픔이 있으면 같이 나눠요
친구이 슬픔이 내 슬픔이니까요
살다가 힘들면 나한테 기대세요
내가 지켜줄게요

우리는 사랑하는 친구잖아요.

조금 쌀쌀한 봄날

봄의 향기와 속삭임이
겨우내 잠자던 가슴을
흔들어 깨운다

연못 속에 빠진 넓은 하늘
꽃잎 하나 던지면
꽃잎의 예쁜 미소
하늘에 퍼진다

어느새 봄바람 달려와
꽃잎에 입맞춤하니
부끄러운 꽃잎
살며시 구석으로 도망한다

겨우내 쌓았던 바램
뜬구름 잡게 하는지
둥실 거리는 낮은 구름이
손이 닿을 것 같은
연못 속에 빠져 있다

조금 쌀쌀한 봄날에.

바보스러운 나

계절마다 찾아가는 사랑의 무늬
마음의 틈새는 채울 수 없지만
쉰 목소리로 부르면
바람 부는 언덕에
들리는 사랑의 발걸음 소리

가슴 한구석 기억의 병
빗물을 마시며 꿈을 태웠고
강풍에 흔들려 보았지만
움직이지 않는 존재이구나

무심한 계절은
나를 잊고 떠나도
바보스러운 나는
다시 찾아가겠지
바보스러운 나.

봄의 초심

밤새워 내리던 비
지칠 줄 모르고 내리고 있다

쏴아 하고 바람 불면
흔들리는 나뭇가지
땅에 떨어진 꽃잎은
핥고 간 바람에 아파하고
구르는 빈 깡통
깔깔깔 웃고 있다

커피에 인생사 한 두어 스픈 넣고
창밖에 마음을 버리니
춘삼월 덕수궁 돌담 사랑이
창밖에 서성거린다

봄을 삼켜버린 바람이
한나절을 몰고 다니고
초심의 향기는 떠나지 않고
제자리에 서 있다.

그대와 나는

하얀 목련이 함박 웃으면
실바람도 능선 위로 지나가고
졸졸졸 흐르는 산속의 물
그대와 나는
선분홍 진달래 사랑이어라

설원이 지나간 녹색 대지
민들레 홀씨 흩날리고
가지 속에 품은 사랑
그대와 나는
붉은 얼굴 내민다

이슬 먹고 사는 꽃잎
방울방울 달린 눈물 속마다
고운이의 얼굴로 가득하고
그대와 나는
기억 저편에서 다시 오라 손짓한다.

달과 별은 아름다웠다

인 쇄: 초판인쇄 2013년 04월 15일
인 쇄: 초판인쇄 2013년 04월 20일
지은이: 이진희
펴낸이: 윤기영
편 집: 정설연
펴낸곳: 도서출판 노트북
등 록: 제 305-2012-000048호
본 사: 서울시 동대문구 장안동 314-3번지 나동 비101호
전 화: 070-8887-8233 팩시밀리 02-844-5756
이메일: hdpoem55@hanmail.net

정 가: 10.000원
ISBN: 978-89-92687-39-3-03810